ADÈLE DE PONTHIEU,

TRAGÉDIE-LYRIQUE,

EN CINQ ACTES;

REPRÉSENTÉE EN TROIS,

POUR LA PREMIÈRE FOIS,

PAR L'ACADÉMIE-ROYALE

DE MUSIQUE,

Le Mardi 1er. Décembre 1772,

Et Remise au Théâtre en cinq Actes, le Mardi 5 Décembre 1775.

PRIX XXX. SOLS.

AUX DÉPENS DE L'ACADÉMIE.

A PARIS, Chés DELORMEL, Imprimeur de ladite Académie, rue du Foin, à l'Image Sainte Genevieve.

On trouvera des Exemplaires du Poeme à la Salle de l'Opera.

M. DCC. LXXV.

AVEC APPROBATION ET PRIVILEGE DU ROI.

Le Poeme est de M. DE SAINT MARC.

*La Musique est de M. DE L***, & de M. BERTON, Maître de la Musique de SA MAJESTÉ, & Administrateur-Général de l'Académie-Royale de Musique.*

AVANT-PROPOS.

LE defir de voir fur la Scêne la pompe & les ufages refpectables de la Chevalerie, fans aucun mélange fabuleux, a fait naître l'idée de cet Opéra. Pourquoi le Théâtre Lyrique, *où tous les Arts agréables s'appellent & fe réuniffent pour enchanter l'imagination & les fens, amufer l'efprit, intéreffer même le cœur*, ne feroit-il pas auffi l'École des mœurs & de la raifon ?

Nous avons voulu rappeler ces jours, où les noms facrés d'Honneur & de Patrie alloient retentir dans les cœurs de tous les Chevaliers ; où les Souverains les plus puiffans croyoient moins honorer les Chevaliers, que s'honorer eux-mêmes, en defirant un titre fi glorieux ; où la foibleffe & l'honneur offenfés voyoient accourir de toutes parts une foule de Héros jaloux, de les défendre & de les venger ; où le defir de mériter une préférence fi flatteufe, & la crainte de compromettre le fang, l'amitié, & l'amour, fortifioient également les mœurs & les vertus des deux fexes.

Nous avons voulu rappeler ces jours, peut-être trop oubliés, où les premières inftructions données à la jeune Nobleffe, étoient des leçons d'amour & de refpect pour les Dames, de dévouement à fa Religion, à fa Patrie, à fon Souverain, de courage, de franchife & d'humanité : tels furent les principes de la Chevalerie. Ce n'étoit qu'après avoir donné des preuves éclatantes & réitérées

A ij

des vertus qui formoient la bâse de cette École de l'héroïfme, qu'un Noble pouvoit fe préfenter pour être admis au rang des Chevaliers ; qu'il ofoit prétendre au bonheur, plus doux, de plaire à un fexe adorable, pour qui la gloire & la vertu réunies étoient le premier charme. Quelle fource d'émulation ! quels regrets doit donner aux âmes élevées, aux cœurs vraiment fenfibles, la chute d'une inftitution fi noble, fi refpectable dans fes principes, fi heureufe dans fes fuites !

Si nous avons jamais ofé nous livrer à quelque efpérance fur le fuccès de cet ouvrage, c'eft au choix du fujet qu'elle doit être principalement attribuée. Eh ! comment fe défendre de cette douce efpérance, dans l'ivreffe qu'il eft fi naturel de reffentir en parlant de fa Nation, en lui parlant d'elle-même, en lui rappelant fes vertus, fes qualités, fes agrémens ; en lui rapelanr l'eftime qu'elle fe doit ? En effet, remettre les tems de la Chevalerie fous les yeux de la Nation Françoife, c'eft lui retracer fon attachement à fes devoirs, à fon Roi, à la Patrie ; c'eft intéreffer une Nation auffi généreufe que guerrière, par l'image de fes triomphes ; & c'eft intéreffer la Nation la plus aimable, par le tableau de cette galanterie héroïque, qui l'a toujours caractérifée.

O Nation charmante ! ô toi, qui, dans les loifirs de la paix, plais & plairas toujours par la bonté, la vivacité, l'efprit & les grâces ! O toi, qui fouffres fi gaiment, & triomphes fi généreufement dans les horreurs de la guerre ! O Nation, qu'il eft fi doux & fi flatteur de gouverner ! reçois un hommage que te rend même fouvent un Peuple, dont la rivalité & la politique ne peuvent du moins t'arracher l'eftime, lorfque des François, des en-

fans dénaturés de la Patrie, cherchent fans-cèffe à te dégrader ! gardes-toi du malheur affreux de les croire pleinement ces Détracteurs impies ! Non, quelques momens de
fommeil n'ont jamais pu que fufpendre en toi les effets du
caractère diftinctif, & des vertus dont la Nature t'a conf-
tamment douée. Enfans & Héros de la Patrie, o vous,
DU GUESCLIN & BAÏARD, oui, vous retrouveriés dans
cette Patrie, qui vous fut fi chere, ce même caractere, ces
mêmes vertus qui l'honorerent en vous, & dont elle vous
avoit offert de nombreux & brillans modèles dans tous les
âges ! oui, vous vous applaudiriés en voyant combien les
François ont approfondi l'Art cruel, mais néceffaire, qui fit
votre gloire; en les voyant inftruire l'Univers par des ouvrages de tous les genres, & lui offrir des modèles dans
tous les Arts agréables, qui font la confolation & le charme de la vie.

Puiffe une efquiffe légere des mœurs antiques, obtenir
le fuffrage de ce fexe, qui unit à toutes les grâces exté-
rieures, l'enjouement & la douceur du caractère, la fi-
neffe de l'efprit, & le tact précieux du fentiment ; de ce
fexe, à qui la Chevalerie a dû une grande partie de fa glo-
rieufe célébrité ! car les triomphes des anciens Chevaliers
font inféparables de ceux de la beauté, qui, ufant heu-
reufement de l'empire que la Nature lui a donné fur les
cœurs, faifoit fi fouvent, d'un homme ordinaire, un
Héros, le foutien de fon pays, le protecteur du foible, l'a-
mi du vaincu.

Si nous n'avons pas pleinement réuffi à furmonter les
difficultés que nous offroient le genre & la fimplicité du
fujet d'Adèle, du moins n'avons nous certainement rien
négligé pour y parvenir, foit en faifant, foit en retou-

-chant cet ouvrage. Auffi , malgré fes défauts nombreux
à fa première mife , avons-nous obtenu dès-lors un prix
bien flatteur de nos foins dans les applaudiffemens & l'in-
dulgence du Public, qui nous a ainfi mieux fait fentir l'o-
bligation de changer, le mieux qu'il nous a été poffible,
tout ce qui a paru attirer fa critique, & tout ce qui nous
a femblé ne pas affés mériter fon approbation ; change-
mens très-confidérables, & pour lefquels nous avons heu-
reufement trouvé dans nos Muficiens autant de complaifan-
ce que de talent. Auffi avons-nous eu la douce fatisfaction
de voir notre Poëme mis en Ballet-Pantomime qui a fait
très-longtems les plaifirs de la Cour de Vienne, de celle
de Milan, & d'autres Cours d'Italie.

Nous feroit-il permis de difcuter ici légérement les idées
de quelques Novateurs fur une forme nouvelle à donner
à nos Opéra, en ne difant de la Mufique, que ce qu'il
nous eft indifpenfable d'en dire ; parcequ'il faut, fans-dou-
te, en avoir une certaine théorie, pour arrêter, éclaircir,
& publier fes opinions fur cet Art ; quoiqu'il fuffife d'ê-
tre fenfible pour en juger, ainfi que de la Poëfie, & pour
en juger, dans un Ouvrage Dramatique, plus fainement
peut-être que les Artiftes mêmes, qui, trop éclairés, ou
trop inquiétés par les regles de leur Art, ne peuvent guère s'abandonner au fentiment ?

Quelques-uns de ces Novateurs, oubliant que l'Opéra
eft plus particulièrement le fpectacle de l'imagination &
des fens , voudroient en bannir la magie & la mytholo-
gie. Pourquoi fe priver de la richeffe inépuifable de leurs
contraftes faits pour donner tant d'effor & de variété à la
Mufique ? pourquoi fe priver de leurs charmantes illu-
fions, & de cette magnificence merveilleufe, qui peut &

doit les accompagner ? pourquoi reſtreindre ſes plaiſirs ? Heureuſement ce n'eſt point ici notre cauſe que nous défendons.

D'autres, à propos de la Tragédie Lyrique, & généraliſant leur cauſe, diſent affirmativement qu'un Poëme Dramatique ne doit être diviſé qu'en trois Actes. Il ſeroit aiſé de les combattre par l'autorité d'Ariſtote, par le précepte ſi poſitif d'Horace *, &, plus victorieuſement encore, par l'exemple des Génies immortels, qui, parant nos Théâtres de tant de chef-d'œuvres, ont donné à la Langue françoiſe plus de célébrité que n'en eût jamais la Langue latine, & l'ont rendue l'idiome général de l'Europe. Mais, ſans nous couvrir d'une Egide ſi reſpectable, moins excluſifs que ces Novateurs, admettant tout ce qui peut plaire & intéreſſer ; ſi d'ailleurs une Tragédie en trois ou quatre Actes, offre tout ce qui fait parvenir à ce but, ſi elle y parvient, n'importe comment, nous conviendrons avec eux, nous ſerons les premiers à ſoutenir qu'elle eſt un excellent ouvrage. Après cet aveu, ne doivent-ils pas nous permettre de leur dire que la diviſion en cinq Actes, preſcrite & adoptée par tous les grands Maîtres, eſt beaucoup plus néceſſaire à la Tragédie lyrique, qu'à la Tragédie ſimple ; puiſque la premiere doit avoir une repréſentation plus longue, puiſqu'elle remplit ſeule le tems conſacré aux Spectacles ? Ne doivent-ils pas nous permettre d'ajouter que, la gloire attachée à un ouvrage, étant proportionnée à ſes difficultés, une Tragédie en trois ou quatre Actes, fût-elle un chef-d'œuvre, ne pourra cependant jamais être miſe au niveau du Cid,

---

* *Neve minor, neu ſit quinto productior actu*
Fabula, quæ poſci vult & ſpectata reponi.

Hor. Art. Poet.

de Phedre, de Rhadamifte, de Mahomet, d'Armide, &c. &c. ?

Autres encore prétendent que l'Opéra ne doit être qu'un mélange de Ballets & d'Airs chantés. N'eft-ce pas ne compter pour rien l'efprit & le cœur ? Eh ! n'eft-ce pas trop compter fur les plaifirs des fens, que de croire qu'ils puiffent affecter pendant trois heures ?

D'autres enfin foutiennent, au contraire, que les Ballets font inutiles, & même nuifibles dans un Opéra, & reléguent à la fin du Spectacle la Danfe ; cet Art porté aujourd'hui à un fi haut point de perfection, cet Art fi expreffif, fi charmant dans un Opéra, quand les Ballets font bien amenés & bien unis à l'action, & quand le Maître des Ballets veut bien borner leur durée, & l'affujettir à l'effet de l'enfemble ! Selon eux, un Opéra ne doit être qu'un Poëme Dramatique noté, qui parle continuellement au cœur par fon intérêt. En fupprimant les Ballets, le Poëte auroit, fans doute, beaucoup plus de liberté pour les dévelopemens. Il marcheroit bien plus hardiment, dégagé d'une grande partie de fes chaînes, dont le poids redouble au moment du divertiffement de chaque Acte. Il fe rendroit donc avec tranfport à une opinion fi favorable pour lui, s'il pouvoit fe flatter de plaire en lui obéiffant. Mais les Auteurs & les Partifans de cette opinion, ont-ils bien réfléchi combien l'intérêt d'une Tragédie Lyrique, un intérêt de près de trois heures, feroit difficile, pour ne pas dire impoffible, à foutenir ? Ont-ils jamais approfondi les caufes des fenfations qu'ils éprouvent aux Spectacles ? Ont-ils connu que c'eft feulement

par

par des fecouffes vives, imprévues, & rapidement réitérées, que le cœur peut être ému jufqu'à un certain point,
& que cette émotion peut s'accroître ou s'entretenir, ce
qui n'eft qu'une même chofe ? Feignent-ils d'ignorer que
le débit noté, rendu avec toute la célérité poffible, ne
peut parvenir à celle du débit parlé, & qu'il ne peut con-
féquemment produire des fenfations égales, lors même
que la Langue n'eft point facrifiée à fa rapidité ? Oublient-
ils que, dans les morceaux d'expreffion, la Mufique, en
produifant quelquefois les plus grands effets, en faifant
paffer dans l'âme tous les mouvemens des paffions, ne
foutient cependant pas longtems cette énergie ; non, fans
doute, par impuiffance de l'Art, mais par la néceffité de
donner du repos à l'oreille, qui cèfferoit bientôt de diftin-
guer & de rendre à l'efprit, ou au cœur, les diffétentes
nuances de ces morceaux d'expreffion, s'ils fe fuccédoient
trop rapidement ; mais encore par les abus des impitoya-
bles Ritournelles, & des répétitions multipliées d'une phrafe,
demie-phrafe, ou d'un mot ; abus qui femblent choquer
également le fentiment & la raifon ? Nous entendons cependant, tous les jours, louer avec enthoufiafme la manière dont un Muficien rentre dans le motif de fon Air,
en répétant les mêmes paroles & les mêmes notes. S'il a
rencontré l'expreffion vraie, la répéter, & même en la va-
riant, n'eft-ce pas l'affoiblir ? Obfervons que nous ne
parlons ici que de la Mufique Dramatique. Ne feroit-il
pas mieux que le Muficien, d'accord avec le Poëte, don-
nât à fes Airs toute leur rondeur, fans faire entendre plufieurs fois les mêmes paroles & les mêmes fons ? Mais reve-
nons à la dernière opinion que nous avons combattue.

B

Qu'arriveroit-il de ce nouveau genre d'Opéra? Pour quel
ques momens de plaifir, plus ou moins vif, on auroi
deux grandes heures d'ennui, fi, comme il arrive en Ita
lie, malgré la beauté des ouvrages de *l'Abbé Metaftafe*
malgré le charme de fa diction, on ne fe procuroit de
amufemens étrangers au Spectacle. Laiffons donc l'intéré
vif & continu à la Tragédie fimple. Ne demandons à l
Tragédie Lyrique, que des momens d'intérêt divifés,
réunis par des charmes d'une autre efpèce; & n'oublion
pas que l'Opéra eft le concours de tous les Arts agréable
qui, tantôt fe mêlant, tantôt fe fuccédant, forment ain
une chaîne de plaifirs pour les Spectateurs, dont le cœur
l'imagination & les fens font fufceptibles de toutes les im
preffions, & affurent à ceux qui font moins heureufe
ment organifés des plaifirs momentanés & certains.

Ainfi, il en eft qui, après avoir partagé la douleur d
l'intéreffante Armide; après avoir applaudi à la magnificen
ce de fon triomphe, & gémi fur les combats que l'Amou
& la Haîne fe livrent dans fon cœur; après avoir reffent
la puiffance & la douceur de fes enchantemens, feron
encore touchés de fes tendres adieux, prendront part aux
fêtes galantes que fon amour imagine pour confoler Renaud de fon abfence, pleureront fur fes malheurs, & ver-
ront, avec un plaifir mêlé de terreur, s'enflâmer le Palais
qu'elle avoit confacré à la Volupté.

D'autres moins fenfibles, mais amateurs des Arts, fe
feront feulement une occupation riante de leurs effets &
de leurs progrès; tandis que ceux qui ont plus de fenfi-

bilité que de goût & de connoiſſances, ſe livreront, par intervalles, aux ſituations, aux dévelopemens propres à intéreſſer le cœur.

Ce que nous avons dit de la Tragédie Lyrique, qui conſtitue principalement l'Opéra, peut s'appliquer également aux ouvrages qu'on diſtingue par les noms de Ballets - Héroïques, de Paſtorales, de Comédies-Ballets, dans leſquelles, diſons - le en paſſant, la gaîté ne doit guère ſe montrer qu'à demi-voilée, ou ſous les traits de la galanterie.

Au reſte, nous ſommes bien éloignés d'établir audacieuſement comme des loix, nos principes ſur l'Opéra ; &, ſi quelque Génie heureux parvenoit à lui donner plus de charmes par d'autres moyens, nous nous hâterions d'applaudir à ces moyens, & de les adopter.

Il n'eſt guère poſſible d'entrer dans quelques détails ſur l'Opéra, ſur ce Spectacle le plus varié, le plus noble, le plus magnifique qu'ait jamais offert aucune Nation, & qui doit en effet ſon origine à la France ; puiſque la Grece & l'Italie, ancienne & moderne, n'en ont donné que des idées très - imparfaites ; il n'eſt guère poſſible de parler de l'Opéra, ſans parler de ſon véritable fondateur, *de Quinault*, dont *M. de Voltaire*, *l'Abbé Dubos*, dans ſes réfléxions profondes ſur la Poëſie, *M. Marmontel*, & pluſieurs autres Littérateurs célébrés de ce ſiecle, ont enfin déſigné le rang ſur le Parnaſſe. Vainement, malgré des autorités ſi reſpectables, cherche-

t-on encore aujourd'hui à le dégrader , & souvent par le
défespoir de l'atteindre ; défespoir qui, sans-doute, devroit
plutôt faire naître une juste admiration. Vainement cite-
t-on encore les vers immortels qu'une raison trop févère ,
& l'efprit de parti ont dictés contre lui à notre Juvenal ,
qui ne fut pas plus équitable pour le Taffe. *Quinault* eft ,
dans fon genre , & fera vraifemblablement toujours le modèle des Poëtes Lyriques. Peut-être nos Muficiens font-ils
fondés à defirer , que , dans plufieurs Scênes de fes chef-
d'œuvres mêmes , où d'ailleurs les fituations font fi rapidement multipliées, où d'ailleurs les paffions font peintes avec
tant de délicateffe & d'énergie , il eût phrafé plus fouvent
quelques vers, de manière à faciliter des Airs de mouvement.
Mais , par-là , l'action n'eût-elle pas été rallentie , & l'intérêt affoibli ? C'eft ce que nous ne déciderons pas. Mais nos
nouveaux Orphées peuvent-ils nier , après avoir lu feulement les fublimes Monologues d'Armide , que *Quinault*
n'ait deviné , & n'ait préparé à la Mufique les plus grands
effets qu'elle puiffe produire ? Mais , fi quelqu'un d'eux étoit
chargé de joindre des fons aux fentimens qu'il exprime dans
ces Monologues , de mettre au Théâtre de femblables morceaux de Poëfie , pourroit-il ne pas fe méfier de fon talent ?
Ne feroit-il pas tous fes efforts pour leur adapter fa Mufique , de manière qu'en participant à leur expreffion , les effets fecondaires de l'Orcheftre permiffent de les entendre &
de les retenir ? Jaloux d'une gloire particuliere , d'une gloire mal entendue , pourroit-il oublier alors que l'expreffion
de la Poëfie peut feule bien caracterifer celle de la Mufique ? Pourroit-il oublier qu'il en eft de la Mufique à-peu-
près comme de la Poëfie , dont le vrai fublime fe fait retenir
& répéter ?

Mais quittons la plume, en nous attendant, au moins, au double reproche d'en avoir trop peu dit fur les matières que nous avons traitées, & trop pour la circonftance.

ACTEURS ET ACTRICES
CHANTANTS DANS LES CHŒURS.

CÔTÉ DU ROI.

CÔTÉ DE LA REINE.

Mesdemoiselles.	*Messieurs.*	*Mesdemoiselles.*	*Messieurs.*
Fontenet.	Cailteau.	le Bourgeois.	Candeille.
d'Hautrive.	Héri.	d'Agée.	Vatelin.
Veron.	Lagier.	des Rosières.	l'Écuyer.
Renard.	Van-Hecke.	de l'Or.	Tourcati.
Garrus.	Martin.	Chenais.	Ghuiot.
Rouxelin.	le Grand.	Denis.	Capoi.
Duval.	Hallmans.	de Merei.	Moreau.
	Boi.	Thaunat.	Méon.
Longeau.	Huet.	Duffée.	Beghaim.
Bellier.	Itaffe.	Châteauvieux.	Cleret.
Sanctus.	Parant.	du Fresnoi.	Tacuffet.
de Sivri.	Jouve.	Conftance.	Baillon.
S. Aubin.		de Beaulieu.	de Lori.
			Fagnan.

ACTEURS CHANTANTS.

GUILLAUME III, *Comte de Ponthieu*,	M. l'Arrivée.
ADÈLE, *fille du Comte*,	Mlle. Arnould.
ALPHONSE D'EST, *Chevalier Italien*,	M. Gélin.
RAIMOND de MAYENNE, *Parent du Comte, & simple Écuyer*,	M. le Gros.
JUGES DU CAMP,	MM. { de la Suze. Cavallier. Meon.
UNE DAME DE LA COUR,	Mlle. Virginie.
UN BERGER,	M. de la Suze.
UNE BERGÈRE,	Mlle. Virginie.

DAMES DE LA COUR.
CHEVALIERS.
ÉCUYERS.
PAGES.
ROI-D'ARMES.
HÉRAULTS.
OFFICIERS DES LICES.
MÉNÉTRIERS.
PEUPLES.
BERGERS, BERGÈRES.

Le Costume est celui du douzième Siècle.
La Scène est à ABBEVILLE.

PERSONNAGES DANSANTS.

ACTE PREMIER.

COUR DU COMTE DE PONTHIEU.

M. VESTRIS, f., M. GARDEL, c.

Mlles. DORIVAL, ASSELIN.

Mrs. le Doux, le Breton.

Mlles. Cléophile, Pérolle.

Mrs. du Chaisne, Huart, Dangui, Petit, Simonet,
le Bel, Rufflet, Olivier.

Mlles. Bigotini, du Mesnil, Gertrude, du Pin,
la Blottière, Jumard, Saunier, Renard.

ACTE

ACTE SECOND.

BERGERS & BERGERES.

Mlle. GUIMARD.

M. Barré, Mlle. Michelot.

M^{rs}. Doffion, Cafter, Aubri, des Bordes, Guillet,
Pladix.

Mlles. Thifte, Belletour, Efther, le Monnier,
Courtois, Baudouin.

PASTRES & PASTOURELLES.

M. d'AUBERVAL.

Mlle. PESLIN.

M^{rs}. Giguet, Duffel, l'Argillière, Hennequin, c.,
Lieffe, le Roi, 2.

Mlles. du Mont, du Val, Conftance, Henriette,
Lallin, c., Mulair.

ACTE QUATRIEME.

DAMES DE LA COUR.

Mlle. GUIMARD.

Mlles. d'Elfebvre, du Bois, Thevenet, l'Huillier.

Mlles. Martin, Jonveau, Bigotini, le Houx,
Lallin, l., du Bauchet, Felmé, Montauban,
du Parc, Saunier, Verteuil, Dorff.

C

ACTE CINQUIÉME.

CHEVALIERS ET DAMES.

M. VESTRIS, Mlle. HEINEL, M. GARDEL.

M^rs^. le Doux, le Breton.

Mlles. d'Elfebvre, du Bois.

M^rs^. Trupti, Henri, Hennequin, l., du Chaisne, Rivet, Huart, Dangui, Petit, Simonet, le Bel, Rufflet, Olivier.

Mlles. Bigotini, Jonveau, l'Huillier, Thevenet, le Houx, Lallin, l., du Bauchet, Felmé, Moutauban, du Parc, Saunier.

ADÉLE DE PONTHIEU,
TRAGÉDIE LYRIQUE.

ACTE PREMIER.

Le théâtre repréſente un bois ſur le devant, &,
dans le fond, pluſieurs terraſſes l'une ſur l'autre.

SCÊNE PREMIÈRE.

ADÈLE, *deux* DAMES *de ſa Suite.*

INFLEXIBLE devoir, je cède à ta rigueur.
 Mais que ton empire eſt ſévère !
 C'eſt vainement que l'on eſpère
Conſerver ſous tes loix le repos de ſon cœur.

 On me ravit à ce que j'aime !
On me contraint à promettre ma foi !

Et, sans prévoir des maux qui me glacent d'effroi,
C'est un père adoré qui m'immole lui-même !

SCÈNE II.

ADÈLE, RAIMOND.

RAIMOND.

QUe ce jour est fatal ! jugés-en par mes pleurs.
Ah, je vous perds, charmante Adèle !

ADÈLE.

Laissés-moi seule à mes malheurs.
Voulés-vous donc, par vos douleurs,
Rendre ma peine plus cruelle ?

RAIMOND.

Alphonse, dès ce jour, va vous donner des loix ;
Il revient . . .

ADÈLE.

Tout me désespère.

Un étranger paroît, fier de quelques exploits,
Jaloux, sans songer à me plaire,
Trop vain pour consulter mon choix ;
Et c'est à vous, Raimond, à vous qu'on le préfère !

Animés par les mêmes feux,
Dès l'aurore de notre vie,
Nous pensions qu'au gré de nos vœux,
L'hymen uniroit ses nœuds
Aux nœuds du sang qui nous lie.

Éloignons, s'il se peut, un trop doux souvenir.

RAIMOND.

Un autre va donc obtenir
Cette main, qu'à mon cœur l'Amour rendit si chère,
Cette main, qu'à mes vœux refusa votre père !
Sa haîne pour le mien à dicté ses refus.
Mais nos feux mutuels ne lui sont pas connus ;
Si vous aviés voulu par un aveu sincère.....

ADÈLE.

J'aurois encor sur vous attiré sa colère.

RAIMOND.

Nos maux, peut-être, auroient su l'attendrir.

ADÈLE.

Vous n'osés l'espérer, & je ne puis le croire.

RAIMOND.

Eh bien ! conservés votre gloire ;
vais, loin de vos yeux, soupirer & mourir.

J'entends la plaintive Syrie,
Sur ses bords défolés, rappeler ma valeur.
Aux derniers momens de ma vie,
Mes pleurs feront pour vous; mes vœux pour la Patrie.
J'aurai fatisfait à l'honneur.

ADÈLE.

Dans mon cœur, trop conftant, je garde votre image;
Que ce fouvenir vous engage
A conferver des jours que vous m'aviés donnés:
Ils font encore à moi, ces jours infortunés,
Et j'ofe en ordonner l'ufage.

Mais, fongés qu'aujourd'hui l'honneur impérieux
Doit prefcrire à l'Amour un rigoureux filence.

RAIMOND.

Voici bientôt l'inftant de nos derniers adieux.

ADÈLE.

Que n'eft-il le témoin de votre indifférence ?
Mon cœur feroit moins malheureux.

RAIMOND.

Rien n'affoiblira ma conftance.
Non rien ; ni le tems, ni l'abfence,
Ni même votre oubli, fi je l'éprouve un jour.

Rien

Rien n'affoiblira ma conftance.
L'amant qui peut changer, n'a point connu l'amour.

ADÈLE.

Eh ! que fera votre conftance?
Non, non, n'écoutés plus une vai-
ne efpérance.
Puiffiés-vous, loin de moi , vivre
heureux quelque jour !
Eh ! que fera votre conftance ?
Je dois vous fuir, hélas ! & vaincre
mon amour.

RAIMOND.

Rien n'affoiblira ma conftance.
Non rien ; ni le tems , ni l'ab-
fence ,
Ni même votre oubli , fi je l'éprou-
ve un jour.
Rien n'affoiblira ma conftance.
L'Amant qui peut changer, n'a
point connu l'amour.

D

SCÈNE III.

ADÈLE, RAIMOND, LE COMTE,
Cour du COMTE.

(Le Comte de PONTHIEU , & sa suite , arrivent par le côté gauche des terrasses qui sont au fond du théâtre.)

LE COMTE.

MA fille, à mes vœux tout conspire.
Ce jour ramène Alphonse, & vous donne un époux.
Voyés toute ma cour qui vient auprès de vous ,
Signaler des transports que votre hymen inspire.

Dans ce jour, cher à mes desirs ,
Tout m'intéresse, tout m'enchante,
Et l'avenir ne me présente
Que le bonheur, & les plaisirs.

On aime à voir la jeunesse,
Que l'hymen & la tendresse
Vont combler de leurs douceurs ;
Comme la jeune verdure,
Qui promet à la nature
Un tribut charmant de fleurs.

(On danse.)

LE *CHŒUR.*

Hymen, Amour, formés, embelliſſés la chaîne
De deux époux dignes de vos faveurs.
L'un fut toujours paré du laurier des vainqueurs;
  L'autre ſe ſoumet tous les cœurs,
  Et triomphe toujours ſans peine.
                              (*On danſe.*)

UNE *DAME.*

  Ah ! que deux amants ſont heureux
  Quand l'Himen pour jamais les lie !
  Sans cèſſe leur âme ravie
  Peut avouer ſes tendres feux.

  Chaque inſtant pour eux fait éclore
  Un plaiſir plus vif, plus flatteur ;
  Chaque jour la riante Aurore
  Réveille avec eux le bonheur.
                              (*On danſe.*)

LE *COMTE, aux DAMES.*

Venés, jeunes beautés ; venés ; je vous engage
Aux fêtes que mes ſoins ont voulu préparer.
Quelles fêtes, ſans vous, pourroit-on célébrer?
  C'eſt à vous qu'on en doit l'hommage,
  Et c'eſt à vous à les parer.

              (*Il ſort par le côté droit du théâtre.*)
                              D ij

LE *CHŒUR.*

Volons ; le plaisir nous appele.
Hâtons-nous, volons après lui.
Faisons éclater aujourd’hui
Notre bonheur , & notre zèle.

(*Toute la cour du* COMTE *le suit.*)

SCÈNE IV.

ADÈLE, RAIMOND.

ADÈLE.

C'En est donc fait !

RAIMOND.

Quel moment pour nos cœurs !

ADÈLE.

L'Amour nous uniſſoit...

RAIMOND.

Le deſtin nous ſépare.

ENSEMBLE.

Nous pouvons, ô deſtin barbare !
Déſormais braver tes rigueurs.

RAIMOND.

Je vais, ſur les pas de la gloire,
Combattre & gémir tour-à-tour.

Que m'importera la victoire,
Si je ne puis offrir ses lauriers à l'Amour?

ADÈLE.

Ah ! que cette gloire est cruelle !
Adieu.

RAIMOND.

Quoi ! nous quitter !

ADÈLE.

Et pour ne plus nous voir.

RAIMOND.

Ne plus nous voir, hélas !

ADÈLE.

J'obéis au devoir.
Adieu Raimond.

RAIMOND.

Adieu, trop chere Adèle.

(RAIMOND s'éloigne par le côté gauche du théâtre ; ADÈLE reste immobile. RAIMOND, après s'être eloigné lentement, la regarde, revient, tombe à ses pieds, & lui baise la main. Dans ce moment, qui est suivi rapidement de l'éloignement des deux

amants, par les deux côtés du théâtre, ALPHONSE paroît sur le haut de la terrasse la plus reculée, & du côté par lequel sort RAIMOND, qu'il ne peut voir en face.)

SCÈNE V.

ALPHONSE, seul.

(Sur le haut de la terrasse , & après un moment
d'anéantissement.)

O Malheureux Alphonse ! ô ciel ! ô désespoir !

(Il descend rapidement les terrasses , & regarde
des deux côtés du théâtre.)

Il m'évite !... elle fuit !... & j'ai vu mon injure !
   Mais quel mortel audacieux
   Étoit aux pieds de la parjure ?
   Ah ! je les punirai tous deux.
   Perdons l'ingrate qui m'offense.
Le rival préféré, que poursuit ma vengeance,
   Ne peut long-tems échapper à mes yeux.

   Cédons au transport qui m'entraîne ;
   La pitié parleroit en vain.
L'Amour trahi n'écoute que la haîne ;
Malheureux & jaloux, il doit être inhumain.

FIN DU PREMIER ACTE.

ACTE

ACTE SECOND.

Le théâtre repréſente un ſuperbe ſallon du palais
du Comte de PONTHIEU.

SCÉNE PREMIÉRE.
ADÈLE, RAIMOND.

(Entrant par les deux côtés du théâtre.)

ADÈLE.

Raimond, quel deſſein vous arrête ?
Qui vous retient dans ce ſéjour ?

RAIMOND.

Non, vous ne devés pas en ſoupçonner l'Amour.
Au moment odieux où votre himen s'apprête,
Je quittois une ingrate cour :

E

Alphonse s'y préfente ; un défordre farouche,
Vers le prince étonné, précipite fes pas ;
Et fouvent votre nom échappe de leur bouche.
        Adèle, ne pouvés-vous pas
M'apprendre le fujet de mes juftes alarmes ?

ADÈLE.

Éloignés-vous ; partés.

RAIMOND.

                        Ah ! fi j'en crois vos larmes,
        Il eft quelque nouveau malheur
        Dont le fort cruel nous menace.
Parlés.

ADÈLE.

        Je ne le puis.

RAIMOND.

                        O comble de difgrâce !
J'ai cru que vous m'aimiés… étois-je dans l'erreur ?

ADÈLE.

Quoi ! vous pourriés douter ?....

RAIMOND.

                        Pardonnés ; je m'égare.

Mais que prétend Alphonse?

ADÈLE.

Le barbare !

Quand je dévore ma douleur,
Quand d'un funeste himen je subis l'esclavage,
Il offense ma gloire, & ne m'offre l'image
Que d'une jalouse fureur.
Il a vu nos adieux;.... il ose, dans sa rage,
Me noircir d'un forfait....

RAIMOND.

Lui ! quel excès d'horreur !

Je n'écoute plus rien qu'un courroux légitime.
D'un pouvoir odieux je dois vous affranchir ;
Je dois de l'univers vous conserver l'estime ;
Je dois vous venger, ou périr.

(*On entend l'annonce des Bergers qu'on doit marier,
à l'occasion du mariage d'*ADÈLE (*).

Mais ces tendres Bergers, que notre antique usage,
Au jour de votre hymen, pour jamais doit unir,
De leur félicité viennent vous faire hommage.
Il en est un du-moins que je puis vous offrir.

(*Il sort.*)

______

(*) On sait que, dans les siècles de la Chevalerie, il ne se faisoit
point de mariage parmi les Grands, sans qu'ils ne mariassent en
même-tems plusieurs de leurs sujets, ou de leurs vassaux.

E ij

SCÈNE II.

ADÈLE, CHEVALIERS, DAMES, BERGERS, BERGÈRES.

(Les Bergers & Bergères font conduits par deux Chevaliers & deux Dames de la Cour, nommés par le Comte de Ponthieu, pour préfider à leur union, & qui les préfentent à la Princeffe, à qui ces futurs époux offrent des fruits & des fleurs.)

UN BERGER, UNE BERGÈRE.

Goûtons, fans alarmes,
Les charmes
Que, dans ce beau jour,
Nous offre l'Amour.
Que fa douce ivreffe
Renaîffe
Dans nos cœurs contens ;
Qu'elle ne cèffe
D'enchanter nos fens.

(On danfe.)

LE *BERGER*, LA *BERGERE*.

Honorons la charmante Adèle.
Heureux, heureux l'époux
Qui s'unit avec elle !
Que ce jour a d'appas, & pour eux & pour nous !
Honorons la charmante Adèle.

(*On danse.*)

LE *BERGER*, LA *BERGÈRE*.

De notre Souverain célébrons les faveurs.
Il veut que ce jour nous unisse ;
Heureux déjà par sa justice,
Nous lui devrons encor le bonheur de nos cœurs.
De notre Souverain célébrons les faveurs.
.Il veut que ce jour nous unisse.

.Les Chevaliers conduisent successivement tous les
BERGERS, & les Dames toutes les BERGÈRES,
vers le milieu de la scêne , où chacun de ces
amants est uni à l'objet de sa tendresse.)

LA *BERGÈRE.*

Profités, jeunes amans,
Profités de votre jeunesse.
Le plaisir vous cherche, & vous presse
De rendre vos beaux jours charmans.

On ne voit point de fleurs éclofes
D'un éclat nouveau s'animer ;
Il n'eft qu'un moment pour les rofes ;
Il en eft bien peu pour aimer.

(On danfe.)

LA BERGÈRE.

Dans nos doux afiles
Des plaifirs tranquilles
Préviennent nos vœux ;
Que notre fort eft heureux !

LE CHŒUR.

Dans nos , &c.

LA BERGÈRE.

Nous craignons peu la peine ;
Le bonheur la fuit ;
Et le tems nous ramene
Les biens qu'il nous ravit.

(*Les portes du fond du fallon s'ouvrent ; on voit une galerie richement décorée, où eft le Comte de* PONTHIEU *, avec fa Cour.*

SCÈNE III.

LE COMTE, *sa suite*, *les* ACTEURS *de la scène*
précédente.

LE COMTE, à sa suite, & particulièrement à ses
Écuyers, qui se placent aux portes de la galerie,
qui restent ouvertes.

QU'on me laisse un moment seul avec la Princesse.
Éloignés-vous, Bergers ; vous saurés nos malheurs.
Ce jour, marqué pour l'allégresse,
Est un jour de sang & de pleurs.

(Les Bergers se retirent par un côté du théâtre.)

SCÈNE IV.

LE COMTE, ADÈLE.

LE COMTE.

VOus voyés ma douleur mortelle.
Alphonse vous accuse, & soutient hautement
Que vous avés trahi ses feux, votre serment ;
Qu'envers l'honneur & lui vous êtes criminelle.

ADÈLE.

O ciel, le croiriés vous ?
Raimond .... voilà l'objet de ce transport jaloux.
Désolé d'un himen à ses vœux si contraire,
Il étoit à mes pieds, je n'en fais point mistère ;
Du sort, qui le poursuit, il bravoit le courroux :
Il partoit ... pour jamais il fuyoit loin de nous.
Alphonse l'apperçoit ; il vole sur mes traces,
Et, toujours plus aigri, toujours plus emporté,
 Unissant le crime aux menaces,
Il court, même à vos yeux, trahir la vérité.
Mon cœur vous fut soumis ; voilà ma récompense.

LE COMTE.

Dans sa fureur, il défie aujourd'hui
Tout Chevalier qui, s'armant contre lui,
Voudroit

Voudroit prouver ton innocence.
J'ai permis le combat ; nos mœurs m'ont fait la loi.

A D È L E.

Reconnoissés l'orgueil à cet excès d'outrage.
Alphonse, peu content d'être sûr de ma foi,
De ce cœur malheureux exigea davantage.
L'amour dépendoit-il de moi ?

L E   C O M T E.

Un père au désespoir veut ne croire que toi.

A D E L E.

Il le doit.

L E   C O M T E.

Il doit plus… embrasser ta défense.

A D È L E.

Plutôt vivre sans gloire, & mourir sans vengeance !

Est-ce à vous d'exposer vos jours
Pour défendre & sauver ma gloire ?
Non, non ; je ne veux point d'un si cruel secours.
Ah ! vous verriés mes yeux se fermer pour toujours,
Avant votre victoire.

L E   C O M T E.

Comment douter de ta vertu,
Ma fille, en voyant ta tendresse ?

F

Je sens le remords qui me prèsse,
Ranimer mon cœur abattu.
Non, le crime, fille chérie,
N'eut jamais de droits sur ton cœur.
Tu fis le bonheur de ma vie;
Tu dois en assurer l'honneur.

Adèle, tu n'ès point coupable;
Il faut revoir Alphonie, & calmer sa fureur.

ADÈLE.

Le ciel punira l'imposteur :
Il est juste; il n'est favorable.

(Elle s'éloigne.)

LE COMTE.

Tremblés, tremblés, pères cruels.
Voyés des regrèts éternels
Dans l'abus de votre puissance.
Le plus sensible des tourmens,
C'est le malheur de nos enfans,
Quand il n'est dû qu'à leur obéissance.

FIN DU SECOND ACTE.

ACTE TROISIÉME.

❋❋❋❋❋❋❋❋❋❋❋❋❋❋❋❋❋❋❋

Le Théâtre repréfente un Jardin très-orné ; &,
dans le fond, une façade du Palais.

❋❋❋❋❋❋❋❋❋❋❋❋❋❋❋❋❋❋❋

SCÈNE PREMIÈRE.

ALPHONSE , *deux* ÉCUYERS.

A L P H O N S E.

(Ses deux ÉCUYERS *reftent au fond du théâtre.)*

Quel jour vient m'éclairer fur un égarement
  Que rien ne juftifie ?
  Puiffe au moins l'erreur d'un moment,
Affurer à l'honneur le refte de ma vie !

F ij

Fuis, loin de moi, fatale Jalousie,
Furie attachée aux Amours.
Barbare ! c'est par toi que ma gloire est flétrie ;
Tu ne verseras plus tes poisons sur mes jours.

Mais que dois-je espéreur d'un repentir sincere ?
Adèle m'a promis de la voir en ces lieux,
La voir, ô ciel ? comment désarmer sa colere ?
Tombons à ses genoux ; mon orgueil doit se taire...
C'est-elle ! à son aspect que mon crime est affreux !

SCÈNE II.

ALPHONSE, ADÈLE, *les* ÉCUYERS, *deux*
DAMES *de la suite d'*ADÉLE.

ALPHONSE.

JOutrageai la vertu que je devois défendre,
Et le remords me ramène à vos yeux.
C'est assés vous faire comprendre
Mes maux, mes regrèts, & mes vœux.
Oserois-je espérer qu'oubliant mon offense...?

ADÈLE.

L'innocence aisément pardonne au repentir.

ALPHONSE.

Mais dois-je à ce pardon borner mon espérance ?
Un plus tendre retour ne peut-il s'obtenir ?

ADÈLE.

Que dites-vous ? puis-je le croire !
Vous demandés un plus tendre retour !
Vous osés me parler d'amour,
Après avoir blessé ma gloire !

ALPHONSE.

Que ne puis-je arracher cet amour malheureux
D'un cœur qu'il a rendu criminel & barbare !
O mort ! préviens le coup que mon bras me prépare.

ADÈLE.

Vivés ; pour expier le crime de vos feux.

ALPHONSE.

Eh bien ! aux yeux de votre Père,
Je vais rougir d'un aveugle courroux.
Mais ne me privés pas de l'espoir de vous plaire,
Et venés aux autels me nommer votre époux.

ADÈLE.

Il n'est plus tems ; votre fureur extrême
M'a rendue à moi-même :
Je ne dois jamais être à vous.

SCÊNE III.

ALPHONSE, *les* ÉCUYERS.

ALPHONSE.

EN vain ma fierté s'humilie !
Vengeance, fers mon défespoir !
Qu'ai-je dit ? quoi, mon cœur oublie
Ma gloire & mon devoir !

Sur un foupçon jaloux, je trahis & j'outrage
L'Innocence & la Vérité !
Vertus, ô vous, qui fûtes mon partage,
Secondés le remords dans mon cœur agité.

Mais on me hait ! voilà le premier crime.
Je dois le punir, & j'y cours.
Arrête, malheureux !.. Honneur, prends ta victime
Et difpofe feul de mes jours.

Amour, Amour, tu m'as rendu perfide !
Tyran cruel, je repouffe tes traits !
Suivons le remords qui me guide ;
Il eft quelque vertu dans l'aveu des forfaits.

Non, non ; tu ne peux te défendre ;
Amour, je n'entends plus ta voix.
L'Honneur parle à mon âme , & lui donne des loix ;
Il est vainqueur, dès qu'il se fait entendre.

SCÈNE IV.

ALPHONSE, RAIMOND, *les* ÉCUYERS.

(*Raimond entre par le côté opposé à celui par
lequel Alphonse est prêt à sortir.*)

RAIMOND.

Enfin, superbe Chevalier,
Ce lieu vous offre à mon impatience !
Quand vous accusés l'Innocence ,
Vous ne sauriés me fuir , ni vous justifier,
Ni vous soustraire à la vengeance.

ALPHONSE.

Et de quel droit, Raimond, ainsi me parles-tu ?

RAIMOND.

De quel droit ! j'ai causé votre erreur criminelle ;
Et le sang, dont je sors, m'unit avec Adèle.

Rendés publiquement hommage à sa vertu,
   Ou mon bras va s'armer pour elle.
Le rang de Chevalier fut promis à mon zele :
   Je connois ses devoirs sacrés.

ALPHONSE.

Peut-être aussi vous me les apprendrés ?

RAIMOND.

Tout Chevalier doit avoir en partage
   La bonté, l'honneur, l'équité ;
Protéger la vertu, défendre avec courage
Le foible, la patrie, & sur-tout la beauté.

Vous reconnoissez-vous à ces traits ?

ALPHONSE, *la main à l'épée.*

                Quel outrage !
Mon rang doit-il toujours retenir mon courroux ?
Tu veux venger Adèle, ou du moins la défendre !
L'honneur est grand pour toi quand tu braves mes
   coups ;
Mais un motif plus cher te porte à l'entreprendre.

RAIMOND.

En faut-il donc un autre pour mon cœur ?
   Et quand un intérêt plus tendre,
                    Quand

Quand l'amour même armeroit ma valeur?

ALPHONSE.

Ah! si je le croyois!

RAIMOND.

                    Eh bien! j'adore Adèle.
Amant infortuné, mais vaillant & fidèle,
    J'espère, au moins, dans mon malheur
Obtenir l'heureux droit de prendre sa querelle,
    Et son aveu pour être son vengeur.

ALPHONSE.

Il l'aime!... il est aimé.

(*Il jette son gant à* RAIMOND *qui le releve.*)
A ses Écuyers qui sont au fond du théâtre.

                    Qu'on ouvre la barrière.

RAIMOND.

Des faveurs du destin voilà donc la première!

ALPHONSE.

Mais deviens Chevalier pour t'armer contre moi.
    Si ton Prince, imploré par toi,
Te refusoit un rang, promis à ta vaillance,
Viens, & tu l'obtiendras; je t'en donne ma foi.
            (*Il lui présente la main.*)

                    G

RAIMOND.

(*Saisissant vivement la main d'*ALPHONSE.)
Je la reçois.

ALPHONSE.

Ainsi j'assure ma vengeance.

Allons, audacieux guerrier,
Armons-nous promtement ; que le combat com-
mence.

RAIMOND.

Allons, perfide Chevalier ;
Je vais bientôt punir le crime & l'arrogance.

ALPHONSE.

Tremble, frémis de ton danger

RAIMOND.

Frémissés de le partager.

ALPHONSE.

En te privant de la lumière,
Ce fer bientôt réglera notre sort.

RAIMOND.

Nous nous verrons dans la carrière ;
J'y conduirai la terreur & la mort.
(RAIMOND sort.)

SCÈNE V.

ALPHONSE, JUGES du CAMP, ROI-D'ARMES, HÉRAULTS, OFFICIERS des LICES, MÉNÉTRIERS, *qui font à leur tête avec des inftrumens de guerre,* ÉCUYERS d'ALPHONSE, PEUPLE. (1).

(*Marche guerrière.*)

ALPHONSE.

Héraults, qu'on prépare la Lice ;
Et vous, Juges de l'Honneur,
Garantiffés la valeur
Des piéges de l'artifice.

Les JUGES.

Avant de vous rendre à la Lice,
Songés que le ciel attefté
Doit, pour fervir la vérité,
Armer aujourd'hui fa juftice.

(1 On a penfé qu'il feroit à propos de fupprimer le Ballet préparé pour cet Acte, quoiqu'il foit fondé fur l'hiftoire, puifque les Officiers des Lices formoient des danfes figurées & guerrières au moment de leur préparation. On a penfé que la beauté du Spectacle fuffiroit ici à l'amufement des yeux, & qu'il n'y a pas à balancer entre l'ufage de donner un Ballet à chaque acte, & la marche rapide de l'action.

ALPHONSE & le CHŒUR.

Tambours, clairons,
Joignés vos fons
Aux fons brillans de la trompette.
Annoncés le combat, éclatés dans les airs;
Faites retentir vos concerts;
Que l'écho par-tout les répète.
Annoncés le combat, éclatés dans les airs.

(Marche guerrière.)

FIN DU TROISIÈME ACTE.

ACTE QUATRIÈME.

*Le théâtre repréſente une Salle ornée de toutes
ſortes de trophées d'armes.*

SCENE PREMIÈRE.
ADÈLE, RAIMOND.

ADELE.

IL eſt donc vrai qu'Alphonſe encor m'outrage !
Que, malgré ſa promeſſe, il refuſe un hommage
Qu'il devoit à la vérité !

RAIMOND.

Mon bras va le punir de ſa déloyauté.

ADÈLE.

Que peut, en ma faveur, tenter votre courage ?
Le rang de Chevalier...

RAIMOND.

Ce rang ſi glorieux,
Je vais l'obtenir en ces lieux.

Envain la fortune cruelle
M'a privé d'un bonheur, peut-être mérité ;
Je puis du moins, en dépit d'elle,
Signaler ma fidélité,
Combattre & vaincre pour Adèle.

A D È L E.

Pour un combat fatal, dont vous favés les loix,
Vous ofés compter fur mon choix !

R A I M O N D.

Oui, votre aveu m'eft dû, puifque mon cœur vous
aime.
Les Chevaliers qui vous offrent leur bras,
Ne pourroient que par mon trépas
Jouir de cet honneur fuprême.

A D È L E.

Moi ! je vous jetterois dans un péril extrême !

R A I M O N D.

Me parler du péril, c'eft y guider mes pas.

A D È L E.

Quelle en fera la récompenfe ?

R A I M O N D.

Mon devoir accompli, la gloire & l'efpérance ?

A D È L E.

Ah ! prenés pitié de mon fort.
Cruel ! quelle eft donc votre attente ?

Quoi, vous voulés que je confente
Que vous braviés pour moi la mort !
Au nom de notre amour fidèle,
Ceffés d'augmenter mes douleurs.
Vivés, pour aimer votre Adèle ;
Vivés, pour effuyer mes pleurs.

RAIMOND.

Je réponds du deftin, & vole à la victoire.
En fervant, dans cet heureux jour,
Le Devoir, Adèle & l'Amour,
Quelle félicité d'ajouter à ma gloire !

ADÈLE.

Eh bien ! allés combattre, & vous ferés vainqueur.

RAIMOND.

J'accepte avec tranfport ce préfage flatteur ;
Mais votre père ici devoit fe rendre.

ADÈLE.

Je vous laîffe, & j'ofe m'attendre
A vous devoir le jour, & mon bonheur.

SCÈNE II.

RAIMOND, seul.

J'Ai son aveu ; mon sort n'est plus le même.
Quel espoir, quel bonheur pour un cœur généreux !
Le triomphe m'est dû : peut-il être douteux
   Quand on combat pour la beauté qu'on aime,
   Et quand on combat sous ses yeux ?

     Gloire, que j'implore,
     Vole sur mes pas :
     Soutiens, guide encore
     Mon cœur & mon bras.
     Comble mon envie ;
     Tu dois, en ce jour,
     Illustrer ma vie,
     Consoler l'Amour.

SCÈNE III.

RAIMOND, LE COMTE, DES ECUYERS.
RAIMOND.

JE réclame votre promesse
Qu'obtinrent mes exploits contre vos ennemis.
                      Parmi

Parmi les Chevaliers que Raimond foit admis ;
  Il doit feul venger la Princeffe.
Pardonnés ce difcours ; Seigneur, il m'eft permis,
Quand, pour prix de mon fang, aujourd'hui je n'im-
    plore
Que le droit, qui m'eft dû, de le verfer encore.
  Je l'attends en fujet foumis.

LE COMTE.

  J'applaudis à votre courage ;
  Mais c'eft à moi de combattre aujourd'hui.
  Ce bras, quoiqu'affoibli par l'âge,
Peut encore à ma fille offrir un digne appui.

RAIMOND.

L'amour qu'elle vous doit, vos Sujets, leur ten-
    dreffe,
Votre rang, tout s'oppofe à ce noble courroux.

LE COMTE.

  Pourriés - vous craindre ma foibleffe ?
  L'honneur, pour affurer mes coups,
Rallume dans mon fang le feu de la jeuneffe.

RAIMOND.

Tant de lauriers honorent votre front !

LE COMTE.

Qu'ai-je fait, s'il me refte à gémir d'un affront ?

H

RAIMOND.

C'eſt à moi de venger Adèle,
Quand un défi m'engage à combattre pour elle.

Laiſſés ce ſoin flatteur à de plus jeunes mains.
Loin d'être mon rival, quand la gloire m'appele,
Contentés-vous de ſervir ſes deſſeins,
Et d'être à jamais mon modèle.

LE *COMTE*, *après quelques inſtants de réflexion.*

Mais en bravant aujourd'hui le trépas,
J'expoſe un bien plus cher mille fois que ma vie.
Je veux venger une fille chérie…
Si l'âge trahiſſoit mon bras ?..
Combattés, cher Raimond ; ma juſte confiance
N'a point à craindre de regrèts.
Eh ! comment m'acquitter jamais ?…

RAIMOND.

Seigneur, déja l'heure s'avance ;
Armés mon bras pour la vengeance ;
C'eſt-là le premier des bienfaits.

Je vais punir un perfide, un parjure.

LE *COMTE.*

Allés venger l'honneur & la Nature.

RAIMOND.

Que ce jour eſt heureux pour moi !

ENSEMBLE.

Que le trépas, la honte, plus cruelle ;
Inſpire une crainte éternelle
A qui voudroit trahir ſa foi.

LE COMTE.

Que ma Cour ſur vos pas s'empreſſe de paroître.
Je vais vous élever au rang de Chevalier.
La gloire vous montra cent fois digne de l'être.
En vous couronnant de laurier.

(*RAIMOND ſort.*)

SCÊNE IV.

LE COMTE, ſeul.

SEs exploits, ſa jeune vaillance
M'aſſurent qu'il ſera vainqueur.
Il va punir une odieuſe offenſe,
Conſoler ma foibleſſe, & finir mon malheur.
Mais ſi le ſort trompoit mon eſpérance !..
J'aurois perdu le droit de ſervir l'innocence ;

H ij

Ma fille gémiroit en proie au déshonneur ;
Et je vivrois !.. quels tourments pour mon cœur !

Le fort envain peut me pourfuivre ;
Non je ne le redoute pas.
Si la douleur me laîffe vivre,
Ma main hâtera mon trépas.

Ah ! n'ai-je pas affés de mes peines cruelles ?
Pourquoi, moi-même, les aigrir ?
Pourquoi chercher des atteintes mortelles
Dans l'impénétrable avenir ?

Chaffons une crainte importune ;
Efpérons encor d'heureux jours.
Comment redouter la fortune,
Quand le ciel nous doit fon fecours ?

Mon cœur, dans une douce attente,
Afpire au moment du combat.
Bientôt la vertu triomphante
Va briller d'un nouvel éclat.

SCÈNE V.

LE COMTE, RAIMOND, ADÈLE,
Cour du Comte.

*(Des Écuyers armés , & précédés des Dames
de la Cour, apportent au fond du théâtre toutes les pièces de l'armure d'un Chevalier.)*

(Danse des Dames.)

CHŒUR DES DAMES, *environnant*
ADÈLE *à son arrivée.*

QUe ce Spectacle vous rassure ;
Adèle, on vous accuse en vain.
Nous allons armer la main
Qui doit venger votre injure.

Unissons nos accens ;
Célébrons dans nos chants
La Bonté, la Vertu, la Gloire & le Courage.
Qui leur rend un sincère hommage ,
Se rend digne du même encens.

(Danse de Dames.)

LE COMTE, *à* RAIMOND, *après avoir
pris de la main d'une Dame l'épée qui doit être
remise au nouveau Chevalier.*

Jurés de consacrer le cours de votre vie

A remplir les devoirs de la Chevalerie,
Ces devoirs dont l'oubli peut être si fatal.

*RAIMOND, à genoux, & ayant mis
vivement la main sur l'épée qui est dans la
main du COMTE.*

Par le ciel qui m'entend, par ce jour qui m'éclaire,
Je jure d'imiter, & le Prince, & mon Père,
D'être franc, courageux, bienfaisant & loyal.

*(LE COMTE posé trois fois l'épée sur le col de
RAIMOND, & lui donne l'accolade. RAIMOND
se releve. Les DAMES apportent, en dansant,
au nouveau CHEVALIER les éperons dorés, &
les lui placent, en commençant par le gauche.
Elles lui donnent successivement le casque, l'é-
cu, & la lance.)*

*ADÈLE, ôtant son écharpe, & la donnant
à RAIMOND.*

Chevalier vaillant, & sensible,
Recevés de ma main, & portés mes couleurs.

*RAIMOND, après avoir porté l'écharpe sur
ses lèvres.*

Comment ne pas être invincible,
Quand vous me destinés à finir vos malheurs ?
(Il place l'écharpe sur lui, de l'épaule au côté.)

LE COMTE, donnant l'épée à sa fille, qui la remet à RAIMOND.

Remettés-lui ce fer.

RAIMOND prenant l'épée.

     Que le crime frémisse.
Ce fer sera votre vengeur.

LE COMTE, à ADÈLE.

C'est le glaive de la Justice
Remis aux mains de la valeur.
Vas ! le ciel te promet une prompte vengeance.

RAIMOND.

Chevalier, & François, qu'aurois-je à redouter ?
 Je vais servir la beauté qu'on offense :
  Je vais secourir l'Innocence,
   Et la faire éclater.
Chevalier, & François, qu'aurois-je à redouter ?

LE COMTE, à RAIMOND.

Rien ne vous retient plus ; comblés notre espérance.

CHŒUR DES DAMES.

 Volés à la voix de l'honneur ;
 Venés, couronné par la gloire,

Recevoir, après la victoire,
Un prix plus doux pour votre cœur.
Le guerrier, qui revient vainqueur,
Eſt charmant aux yeux d'une belle :
Son triomphe ſe renouvelle
Dans le ſein même du bonheur.

(Pendant le Chœur, RAIMOND s'approche d'ADÈLE, s'incline devant-elle, & reprend le caſque, l'ecu, la lance qu'il avoit remis à ſes ÉCUYERS. La principale DAME le-prend par la main pour le conduire au combat. Toute la Cour le ſuit.)

FIN DU QUATRIÈME ACTE.

ACTE

ACTE CINQUIÉME.

Le théâtre repréſente, ſur les devants, un bois : plus
loin, & dans le milieu, eſt une lice entourée de
barrières, & terminée par une grande tente. Aux
deux côtés de la lice ſont des loges & des gradins
décorés de riches tapis, couverts de draperies
négligemment jettées dans les arbres. Le fond
du théâtre eſt un côteau très-agreſte & très-riant.
Des Officiers des lices ſont placés aux portes des
barrières de la lice. Deux Écuyers armés, &
précédés d'un Hérault, viennent placer dans
la lice des lances ornées des livrées des deux
combattans. Douze autres Écuyers armés viennent y placer également, mais plus en arrière,
& abſolument contre les barrières, les lances &
les écus de douze Chevaliers qui ſe ſont préſentés
pour combattre en faveur d'ADÈLE ; ceux de

I

Robert de France, Comte de Dreux, de Bouchard de Crequi, de Raoul de Beauveau, d'Alain de Rohan, de Bertrand de la Tour, de Thibaud de Montmorenci, de Jean d'Aumont, de Mathieu de Mouchi, de Jean de Brienne, d'Enguerrand de Couci, de Renaud de Mailli, de Thibaud de Gouffier. En avant de la lice, & sur le côté, est un gradin particulier destiné pour la Princesse.

SCÈNE PREMIÈRE.

A D È L E , deux Dames de sa Suite.

TRiste & funeste incertitude,
Que vous irrités mon tourment !
Tout, dans ce malheureux moment,
Redouble mon inquiétude.

Cruels apprêts ! terribles lieux !
Quel sang va couler à mes yeux ?

Sort fatal ! si Raimond remporte la victoire,
Je n'ose espérer d'être à lui :
Sil est vaincu, je perds tout aujourd'hui ;
Je perds mon amant & ma gloire.

SCÈNE II.

ADÈLE, LE COMTE.

LE COMTE.

Viens dans les bras d'un père malheureux ;
Ma fille, attendons l'affiftance
Que le ciel doit donner au mortel généreux,
Qui combattra pour ta défenfe.

ADÈLE.

Ciel, mon cœur t'eft connu ; veille fur l'innocence !

LE COMTE.

Je voudrois calmer ta douleur ;
Mais la mienne en vain veut fe taire ;
Et je crains autant que j'efpère.

ADÈLE.

Vous craignés pour mon défenfeur !
Quoi ! je verrois percer fon cœur !
Quoi ! je verrois fon fang couler dans la carrière !

LE COMTE.

Sufpends des regrèts fuperflus.

ADÈLE.

Raimond, je ne te verrois plus,
Qu'à ton heure dernière!
Mon amant va périr, & je n'expire pas!

LE COMTE.

Ton amant! qu'as-tu dit? hélas!

ADÈLE.

Oui, j'adorois Raimond, quand votre ordre suprême,
En refusant ses vœux, disposa de ma main.
Je voulois étouffer cette ardeur dans mon sein;
Mais qu'on est foible quand on aime!
Ah! l'amour se combat en vain,
Quand la vertu l'applaudit elle-même.

LE COMTE.

Ton cœur ne pouvoit-il s'ouvrir,
Quand j'exigeai ta fatale promesse?
Pourquoi me cacher ta tendresse?

ADÈLE.

Vous commandiés; je devois obéir.
(*Marche.*)

SCÈNE III.

LE COMTE, ADÈLE, DAMES *de la suite d'*ADÈLE, ALPHONSE, RAIMOND, DAMES *de la Cour*, CHEVALIERS, ÉCUYERS, PAGES, JUGES *du camp*, ROI-D'ARMES, HÉRAULTS, OFFICIERS *des lices*, MÉNÉTRIERS, PEUPLE.

(Les douze Chevaliers, qui se sont présentés pour combattre, ouvrent la marche. Les Ménétriers viennent après, & sont suivis des Écuyers, d'une partie des Officiers des lices, du Roi-d'armes, des Héraults, de douze Pages, des deux comba-tants conduits par deux Chevaliers parrains, des Juges, & des autres Officiers des lices.

Tout ce cortège est divisé en deux troupes égales qui, escortant chacune un des combattans, arrivent par les deux côtés du théâtre, & traversent la lice.

Les Juges se placent sur le gradin qui est sous la tente.

Les Chevaliers, les Écuyers & les Pages, les envi-ronnent.

Chaque Écuyer porte une hache d'armes, ou une Épée nue.

*Les Ménétriers, le Roi-d'armes, & les Héraults
sont aussi à la droite & à la gauche des Juges, un
peu en avant.*

*Les deux combattans, toujours accompagnés des
Chevaliers parrains, se mettent à genoux devant
les Juges.*

*L'écu d'ALPHONSE est peint du blason de sa Maison.
Celui de RAIMOND est tout blanc.*

*Les Dames & les Hommes de la Cour, sont sur des
gradins des deux côtés de la tente.*

*Le Peuple est le long des barrières en dehors.
Les Officiers des lices se placent pour le contenir.
Le COMTE, ADÈLE, & les Dames de sa suite sont
sur le gradin destiné pour elle.*

LES JUGES.

(Aux combattans.)

Cédés à votre impatience.
Le ciel va montrer à nos yeux
Le crime, ou l'innocence.

*(Le signal du combat se donne. ADÈLE tombe dans
les bras des Dames de sa suite. Les deux Combattans, précédés du Roi-d'armes, des Héraults,
& accompagnés de deux Chevaliers parrains,*

entrent dans la lice. Les Chevaliers parrains , le Roi-d'armes & les Héraults , vont reprendre leurs places en dehors des barrières , que des Officiers des lices ferment fur les Combattans , le tout pendant les Chœurs fuivants.)

LE *COMTE ,* voyant tomber ADÈLE *dans les bras de fes Dames.*

Que ce fpectacle eft douloureux !

CHŒUR des HOMMES.

Frappés , & que le coupable ,
Sous le fer impitoyable ,
Gémiffe & foit abattu.

CHŒUR des DAMES.

Raimond , punis un coupable.
Le ciel t'eft favorable ;
Tu combats pour la vertu.

(*Les Héraults impofent filence en levant leurs bâtons. Le Roi-d'armes lève fa main de Juftice. On n'entend plus qu'un roulement de timbales.* RAIMOND & ALPHONSE *combattent avec la hache , & , après plufieurs coups portés avec fureur , après avoir coupé les courroies de leurs cuiraffes , ils les jettent au loin , ainfi que leurs haches & leurs boucliers.*

Raimond est frappé sur la tête dans ce combat, & chancèle un moment. Adèle (s'évanouit.)

LE CHŒUR.

O moment redoutable !

(Les Héraults imposent silence une seconde fois. Raimond & Alphonse combattent avec l'épée. Raimond blesse Alphonse, qui tombe, se relève, & retombe mort.

Le Roi-d'armes s'avance avec des Officiers des lices, qui emportent Alphonse sous la tente des Juges.)

CHŒUR GÉNÉRAL.

Quelle félicité pour nous !
Raimond remporte la victoire.
Chantons à l'envi, chantons tous
Le vainqueur, Adèle, & leur gloire.

ADÈLE.

(Revenant de son évanouissement.)
Qu'entens - je ?

Nota. S'il y avoit eu plus de facilité pour faire arriver des chevaux sur le théâtre, s'il étoit possible de les y placer avant & après le combat, les deux Chevaliers auroient fait deux courses & rompu deux lances, avant de combattre à pied. Le théâtre de Versailles pourroit seul permettre cette action qui, en rendant la vérité, ajouteroit infiniment à la beauté du spectacle.

LE COMTE

LE *COMTE, tenant sa fille dans ses bras.*

Bannis ta frayeur.
Raimond est digne de te plaire ;
Raimond est vainqueur.

ADÈLE.

Ah ! mon père !

LE *COMTE, lui montrant RAIMOND, qui s'approche en remettant son épée dans le foureau.*

Regarde, & chéris ton vengeur.

(On enlève les barrières ; les Juges & leur cortége s'éloignent.)

K

SCÊNE DERNIERE.

LE COMTE , ADÈLE , RAIMOND, *Cour du* COMTE, PEUPLES.

RAIMOND , *à* ADÈLE.

LE ciel a prononcé, le ciel vous juſtifie ;
Lui ſeul a dirigé mes coups.
Il a dû veiller ſur ma vie,
Lorſque j'ai combattu pour vous.

LE COMTE.

Cher Raimond, votre père aujourd'hui doit apprendre
Que nos débats ſont pour jamais finis ,
Et la main d'Adèle eſt le prix
De l'amant adoré qui vient de me la rendre.
Que j'embraſſe à la fois, ſon vengeur , & mon fils.

(*Il l'embraſſe.*)

RAIMOND.

Croirai-je à mon bonheur ? mon père ! chere Adèle !

ADÈLE.

L'hymen va nous unir ; l'Amour nous rend heureux.

LE COMTE, à RAIMOND.

Que peut-il manquer à vos vœux?
Quand ce jour vous affure une gloire immortelle?

LE COMTE.	ADELE.	RAIMOND.
Aimés - vous bien, jeunes amants ; Goûtés le calme après l'orage.		
	Ne penfons plus à nos tourments ; Aimons-nous toûjours davantage. L'Amour nous engage ;	Ne penfons plus à nos tourments ; Aimons-nous toûjours davantage. L'Amour nous engage ;
L'hymen vous engage ; Il vous promet mille douceurs.		
	Sentons le prix de fes faveurs.	Sentons le prix de fes faveurs.
Épris d'une égale tendreffe, Jouiffés de tous vos inftants.		
	Oui , nous ferons heureûx fans cèffe.	Nous ferons tendres & conftants.

LE COMTE, à fa fuite.

Si jamais mon bonheur s'augmente,
Ce doit être par vos plaifirs.
Que tout feconde mes defirs
Pour la fête la plus brillante.

(Danfe de Chevaliers & de Dames. Les Dames
apportent en danfant, & donnent à RAIMOND

une couronne de laurier & des bracelets, des
nœuds de rubans, des écharpes, qu'elles ôtent
de leur parure.)

UNE *DAME*, & LE *CHŒUR*, à RAIMOND.

N'oubliés jamais ce beau jour,
Et que votre âme
Ne s'enflamme
Que pour l'Honneur, & pour l'Amour.

Tour-à-tour charmant, & terrible,
Jouïssés d'un fort glorieux.
Amant, foyés toûjours heureux,
Et, Guerrier, toûjours invincible.

(On danfe.)

U N E *D A M E.*

C'eft peu d'être bien enflammé,
Pour infpirer un feu durable.
Il faut fe rendre plus aimable,
Si l'on veut toûjours être aimé.
L'Amour qui defire,
Flatte la vanïté ;
L'Amour qui foupire
Satisfait la fierté.
Il plaît avec un fourire ;
Il enchaîne avec la gaîté.

(On danfe.)

RAIMOND.

Tendre Amour, lance tes flammes ;
Lance-les fur nous à-jamais.
Elles épurent nos âmes,
Et nos vertus font tes bienfaits.

Quand un Héros cherche la gloire,
Par les périls il n'eft point arrêté ;
Mais bien fouvent il ne doit la victoire
Qu'au feul defir de plaire à la beauté.

LE CHŒUR.

Tendre Amour, lance tes flammes ;
Lance-les fur nous à-jamais.
Elles épurent nos âmes,
Et nos vertus font tes bienfaits.

(Un divertissement géneral termine l'Opera.)

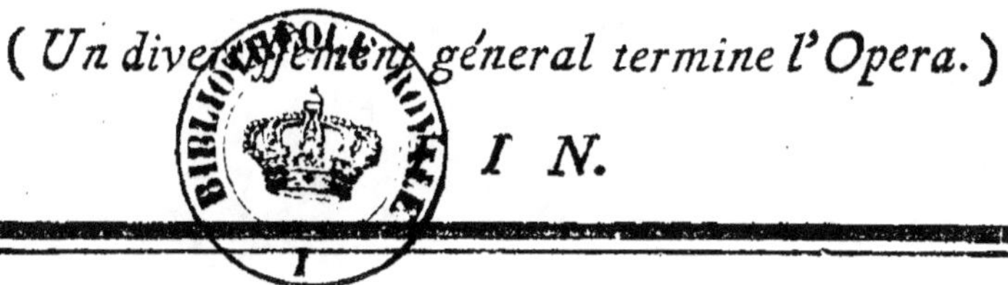

F I N.

APPROBATION.

J'Ai lu, par ordre de Monfeigneur le Garde des Sceaux, *ADÉLE DE PONTHIEU*, Tragédie Lyrique ; & je n'y ai rien trouvé qui m'ait paru devoir en empêcher l'impreffion.

A Paris, ce premier Octobre 1775.

CRÉBILLON.